L'ENFANT DU MALHEUR,

OU

LES AMANS MUETS,

PANTOMIME FÉERIE,

EN TROIS ACTES, A GRAND SPECTACLE,

Mêlée de Divertissemens, Combats, etc.;

Par M. J. G. A. CUVELIER;

Remise en scène par M. FRANCONI j^e.

Et reprise au Théâtre du Cirque Olympique, Faubourg du Temple, le 2 Août 1817.

PARIS,

Chez J. N. BARBA, LIBRAIRE, PALAIS-ROYAL,

DERRIÈRE LE THÉATRE FRANÇAIS, N°. 51.

De l'Imprimerie de Hocquet, rue du Faubourg Montmartre, n°. 4.

1817.

PERSONNAGES.   ACTEURS.

FLORIDOR, chevalier persan . . . . . MM. *Franconi aîné.*
LANDRY, son écuyer . . . . *Melcourt.*
EDMOND, fils de Floridor . . . . . . *Tigée fille.*
Le grand Prêtre des Druides. (Il se change
   en mauvais Génie.) . . . . *Justin.*
Un Hérault d'armes, parlant. . . . . *Amable.*
Deux Chevaliers africains, combattans. . *Dutheil, Chap.*
Un Guerrier combattant, du parti de Frédé-
   gonde . . . . *Dutheil.*
Six Druides, qui se changent en mauvais Génies. *Accessoires.*
Soldats africains, du parti de Frédégonde. *Accessoires et Comparses*
Soldats persans, du parti de Floridor. *Idem.*
Chevaliers de différentes nations, délivrés { *La Haye, Naille, Victor, Dominique, Charles, Lespérance, Bassin fils.*
   par Floridor . . . .
Mauvais Génies. . . . . *Danseurs.*
Génies bienfaisans . . . . *Idem.*
Une Voix.
FRÉDÉGONDE, Fée malfaisante, sous le
   nom de Rosine . . . . Mesd. *Tigée.*
ZATIMA, Fée bienfaisante, sous le nom de
   Timagette . . . . *Lamarre.*
Idamire, mère d'Edmond . . . . . . *Franconi.*
Fées subalternes, de la suite de Frédégonde. { *Céleste, Caroline, Adèle, Éléonore, Richer.*

———

La scène se passe en Perse, dans un endroit ima-
ginaire, du tems du Calife Harooun al Raschild.

L'ENFANT DU MALHEUR,

ou

LES AMANS MUETS,

Pantomime féerie en trois Actes.

ACTE PREMIER.

Le théâtre représente un jardin; à droite des spectateurs, un trône élégant et riche; à gauche, un pavillon, même côté, en avant, un banc de fleurs.

SCENE PREMIERE.

LANDRY, *examinant tout ce qui l'environne.*

Encore une fête... tous les jours des fêtes... et mon maître est insensible à tous ces amusemens! il s'endort au sein des jouissances... voilà le cercle où nous roulons, nous autres pauvres mortels. Aujourd'hui des plaisirs, demain des plaisirs, après demain... la satiété... il y a, oui, il y a neuf ans bien révolus que nous avons le malheur de jouir dans ce charmant endroit de toutes les douceurs de la vie... Mon maître d'abord séduit par les grâces de l'aimable Rosine, qui règne sur ces lieux enchantés.... Mon maître pense à présent comme son pauvre Landry... Depuis long-tems l'indifférence a soufflé le flambeau de l'amour... Je crois que le chevalier Floridor voudrait être bien loin d'ici... Le malheur, c'est qu'on n'en sort pas aussi aisément qu'on y est entré. (*avec crainte.*) On raconte des histoires si étranges de chevaliers engloutis au milieu des flammes, et qui n'ont plus reparu, de fantômes, de spectres... ma foi, depuis que je sais tout cela... en bonne conscience, je ne dors plus tranquille; j'ai pourtant du courage!...

SCENE II.

Le chevalier Floridor paraît dans le fond.
Il est rêveur... Landry l'apperçoit et s'approche de lui. Floridor lui fait signe de se retirer... Landry sort.

SCÈNE III.

Resté seul, Floridor exprime l'ennui qu'il éprouve en ces lieux... le souvenir de sa chère Idamire revient sans cesse à sa pensée... il tombe sur un banc, abimé dans ses réflexions.

SCÈNE IV.

La vieille Zatima parait mystérieusement dans le fond. Elle apperçoit Floridor, et le voyant seul, elle s'approche de lui, et dit:

Floridor, aux pieds de la belle qui commande en ces lieux, n'éprouve-t-il aucun remords?

Floridor la regarde avec étonnement. Zatima continue.

A-t-il entièrement oublié la belle Idamire, cette femme malheureuse, dont son imprudent amour a causé la perte?

Floridor surpris d'entendre prononcer le nom d'Idamire, presse Zatima de s'expliquer.

ZATIMA.

Pardon, chevalier, si je vous rapppelle un douloureux souvenir.

Floridor lui dit avec douleur qu'Idamire n'est plus.

ZATIMA.

On vous a trompé, chevalier, Idamire existe.

Floridor au comble de la surprise, conjure Zatima de lui dire tout ce quelle peut savoir sur sa chère Idamire.

ZATIMA.

Si elle avait doublé l'existence de Floridor en donnant le jour à un être intéressant?... si je vous rendais enfin votre amante et votre fils.

D'abord Floridor laisse éclater les plus vifs transports de joie; mais bientôt ne croyant pas à tant de félicité, il accuse Zatima de vouloir le tromper, et veut s'éloigner.

ZATIMA, *l'arrête.*

Si vous voulez me jurer, foi de chevalier, de me garder le secret auprès de la méchante fée Rosine, je vous promets, je le répète, de vous rendre Idamire et son fils.

Floridor encore incertain, la conjure de nouveau de faire cesser toutes ses inquiétudes.

ZATIMA.

Avant de m'expliquer davantage et de vous révéler le secret d'où votre bonheur dépend, j'exige ce serment pour garantie de votre obéissance et de votre discrétion.

Floridor prête le serment demandé; on entend une marche dans un extrême lointain.

ZATIMA.

Rosine approche; séparons-nous... Après la fête, je vous tiendrai ma parole, et vous saurez alors si j'ai voulu vous tromper.

SCENE V.

Landry paraît, et vient chercher son maître. Zatima recommande le silence à Floridor, qui sort avec son écuyer.

SCENE VI.

ZATIMA, *seule.*

Tout va comme je le désirais... L'instant approche où je vais rendre un époux à Idamire, et un père à Edmond, à cet enfant du malheur... Sous le nom de Timagette, cachée sous ces habits grossiers, j'ai échappé aux yeux perçans de l'infâme Frédégonde, qui ne voit en moi qu'un esclave qui a mérité sa confiance.

Il est tems de lui faire connaître qu'il existe un vengeur de l'innocence.

(La marche se rapproche.)

Frédégonde s'avance : attendons le moment favorable pour renverser cette odieuse idole. (*Elle sort.*)

SCENE VII.

MARCHE.

Gardes; FRÉDÉGONDE, *portée sur un palanquin brillant;* Floridor *à coté d'elle.*

La marche est fermée par les danseurs et les danseuses.

Frédégonde descend du palanquin, et après avoir renouvelé a Floridor les protestations du plus tendre amour, elle l'invite à venir s'asseoir sur le trône à côté d'elle, et à prendre part à la fête.

(*On danse.*)

Cependant Floridor est triste et soucieux. Frédégonde qui s'en apperçoit, fait cesser la danse, et ordonne à tout le monde de se retirer. Puis s'adressant à Floridor, elle dit.

SCENE VIII.

Chevalier, d'où viennent ces nuages qui obscurcissent votre front? Je vois des larmes rouler dans vos yeux!... Expliquez-vous, Floridor, je vous l'ordonne.

FLORIDOR.

Eh bien, Rosine, puisque vous l'exigez... je dois vous dire... qu'absent de la Perse depuis neuf ans entiers, séparé d'un père qui croit m'avoir perdu pour toujours... je suis forcé de vous quitter aujourd'hui même.

FRÉDÉGONDE.

Me quitter?

Floridor lui assure que ce n'est pas pour toujours.

FRÉDÉGONDE.

Ce que vous demandez, Floridor, est bien difficile.... songez à vos sermens... songez aux perils de l'absence.... songez enfin que le bonheur tient à des illusions...

FLORIDOR, *à part*.

Oh! oui, des illusions.

FRÉDÉGONDE.

Qu'il est souvent dangereux de détruire.

Floridor lui dit qu'il a pensée à tout, mais que sa résolution est inébranlable.

FRÉDÉGOND.

Je vois bien, chevalier, que toutes mes représentations sont inutiles... Il faut nous séparer... vous le voulez... partez...

Détachant une plume de son diadème.

Cette plume, placée à votre front, vous ouvrira les barrières de mon empire...Adieu...je passe dans ce pavillon...réfléchissez... si dans une heure vous persistez dans votre résolution, vous serez libre de la suivre.

Elle sort, après lui avoir donné des marques de la plus grande affliction.

SCÈNE IX.

Landry arrive; Floridor lui dit qu'il va quitter ces lieux, et lui ordonne de tout disposer pour son départ. Landry sort. Au moment où Floridor va le suivre, Zatima survient et l'arrête.

SCÈNE X.

Doucement, chevalier, vous pourriez douter encore de la vérité de ce que je vous ai dit; je veux que vous en soyez convaincu avant de quitter ce palais... Prenez cet anneau : il a le don de faire voir les choses telles qu'elles sont.

Floridor incertain, ému, met l'anneau à son doigt.

Chevalier, j'exige que vous en fassiez l'épreuve à l'instant même... (*avec ironie.*) accablée sous le poids de son désespoir, votre belle Rosine repose dans ce pavillon; entrez dans ce sanctuaire de l'amour, voyez et jugez.

Floridor hésite encore; mais d'après les instances de Zatima, il se décide et entre dans le pavillon.

SCÈNE XI.

Zatima le suit des yeux avec intérêt.

SCÈNE XII.

Floridor rentre en scène, épouvanté, pâle et en désordre. Il rend avec horreur la funeste bague à Zatima.

ZATIMA.

Je ne vous ai pas trompé, Floridor, et cette petite épreuve doit vous être un sûr-garant que j'emploierai tout mon pouvoir pour vous servir.

Vous allez revoir Idamire; mais je dois vous annoncer que vous la trouverez privée de l'usage de la parole. Vous reverrez en même temps votre fils; mais ce n'est qu'après des épreuves multipliées que vous parviendrez à être réunis.

Gardez-vous de vous servir de ce présent funeste. (*en mon-*

trant la plume.) Au lieu de vous conduire hors des états de la perfide Frédégonde, il vous entraînerait au fond d'un cachot ténébreux où gémissent des chevaliers de toutes les nations, non moins imprudens et aussi malheureux que vous. (*Elle lui donne un petit cor.*)

Recevez ce talisman. Présentez-vous à l'entrée du pont d'airain qui forme la limite de l'empire où règne Frédégonde... forcez par votre bravoure tous les obstacles qui s'opposeront à votre passage. Dès qu'une fois vous aurez traversé le pont, faites retentir l'île entière du son merveilleux de ce cor. Cette fanfare triomphante fera tomber les fers de tous les chevaliers qui sont enchaînés sur ce rivage, et bientôt la reconnaissance vous aura formé une phalange nombreuse de guerriers en état de résister aux troupes de Frédégonde.

C'est assez vous en dire, votre bravoure doit faire le reste.... Partez, aimable Floridor, L'amour vous servira de guide.

Elle sort, en laissant Floridor dans le plus profond étonnement.

SCENE XIII.

Landry vient annoncer à son maître que tout est disposé pour son départ : celui-ci après avoir exprimé son horreur pour le palais qu'il quitte, sort avec son écuyer.

SCENE XIV.

Frédégonde qui s'est montrée de tems en tems et qui a suivi tous les mouvemens de Floridor, paraît. Sa rage est à son comble.

Qu'ai-je vu!... le perfide!.. il me trahit!... Eh! quoi! souffrirai-je que mon amant coule des jours heureux auprès d'une rivale adorée?... Non, je ne l'ai que trop ménagée cette odieuse rivale!... La mort... serait trop douce pour tous deux... Allons, que les puissances infernales marchent sur mes pas... qu'elles s'attachent à l'infâme Idamire, et que son cœur maternel soit brisé par leurs coups.

Après avoir exhalé sa fureur, elle sort, le poignard à la main.

Le théâtre change et représente un endroit désert ; à droite est l'entrée d'une sombre caverne. Plus loin, sur l'avant-scène, un rocher sur lequel on lit ces mots, FLORIDOR, IDAMIRE. *A gauche est un tertre au pied d'un tronc d'arbre.*

SCENE XV.

Idamire sort de la caverne; elle est triste et rêveuse. Insensiblement elle revient à elle. Après avoir examiné le rocher, elle prend une pierre, grave le nom d'*Edemont*, au dessous des deux autres, et vient s'asseoir sur le banc, plongée dans ses tristes réflexions.

SCENE XVI.

L'enfant sort de la caverne. Il apperçoit sa mere, cueille des fleurs, en forme une couronne, monte doucement derrière Idamire et la lui pose sur la tête. Sa mère surprise, apperçoit son fils, et le presse dans ses bras avec l'expression de l'amour maternel.

SCENE XVII.

Floridor arrive avec Landry : il examine avec le plus vif intérêt, le tableau qui se présente à ses yeux. Idamire se retourne reconnaît son amant et tombe dans ses bras. Idamire présente Edmond à Floridor. Celui-ci lui prodigue les caresses les plus vives en se félicitant d'être père.

(TABLEAU.)

Landry, qui pendant ce tems a fait sentinelle dans le fond, accourt avec précipitation, et annonce que Frédégonde elle-même s'avance à la tête de ses soldats.

Idamire effrayée prend son fils dans ses bras, et veut se jeter dans la caverne, des soldats en sortent et l'arrêtent en lui présentant leurs lances.

Floridor veut s'avancer d'un autre côté il se trouve également cerné.

SCENE XVIII.

FREDEGONDE, *arrive en fureur avec sa suite.*

Déloyal chevalier, tu n'as pas voulu connaître l'amour, tu

L'Enfant du Malheur. B

connaîtras la haine et le désespoir... toi qui a préféré l'amour d'une vile muette à tout l'éclat dont je voulais t'environner; dès ce moment tu vas devenir muet comme elle, et je jure par Arimane lui-même que vous ne recouvrerez tous deux l'usage de la parole, que lorsque cette mère si tendre et si sensible aura de ses propres mains déchiré le sein de son fils. »

Floridor et Idamire prient Frédégonde de révoquer cette imprécation ; elle les repousse avec fureur, fait un signe : aussitôt on arrache Edmond des bras de sa mère. Idamire veut s'élancer, des gardes la contiennent ; Landry, qui court pour défendre ses maîtres, est saisi et terrassé ; Floridor, en mettant l'épée à la main, se trouve enchaîné au rocher ; alors les gardes emportent Edmond ; sa mère qui lui tend en vain les bras, est endormie au milieu des flammes, et Floridor, dans son désespoir, reste attaché au rocher, essayant en vain de briser ses chaînes.

Fin du premier Acte.

ACTE II.

Le théâtre représente l'intérieur d'une caverne ; à gauche, un banc de pierre.

SCENE PREMIERE.

Quatre mauvais génies apportent Idamire évanouie, et la déposent sur le banc. D'autres mauvais génies arrivent et exécutent autour d'elle une danse menaçante.

SCENE II.

Le fond de la caverne s'ouvre ; au travers d'une gaze, Idamire, toujours endormie et évanouie, apperçoit son enfant qui lui tend les bras : elle veut se soulever, les mauvais génies la saisissent, et, pressant sa poitrine, forment autour d'elle un groupe dans le genre de l'estampe du *cochemar*.

SCENE III.

Une lionne paraît derrière la gaze, elle renverse l'enfant et se jette sur lui pour le dévorer : Idamire fait un mouvement et jette un cri. (*Le tableau disparaît.*)

SCENE IV.

Les mauvais génies, après avoir encore un moment tourmenté Idamire, se retirent et la laissent seule.

SCENE V.

Idamire se réveille, s'élance vers le tableau, parcourt la scène pour chercher son fils, et ne le trouvant pas, retombe accablée sur le banc.

SCENE VI.

Frédégonde arrive : Idamire se lève et recule d'effroi en la voyant.

FREDEGONDE, *avec une douceur feinte.*
D'où naît cet effroi, ma chère Idamire ; calmez-vous : la haine s'éteint dans mon cœur, et je viens vous apporter des paroles de consolation.

Idamire qui l'a écoutée avec surprise, la prie de la laisser pleurer en paix son fils et son amant.

FREDEGONDE.
Je viens vous rendre votre fils.

Idamire cherchant à deviner la sincérité de ses paroles, laisse éclater sa joie.

FREDEGONDE.
Mais c'est à une condition.

Idamire, étonnée, lui demande quelle est cette condition.

FREDEGONDE, *reprenant son caractère hautain.*
J'exige que tu me fasses le serment de renoncer à Floridor.

Idamire déclare qu'un tel serment lui est impossible.

####### FREDEGONDE.

Tu connais les dangers qui menacent la tête de l'innocent Edmond, tu le verras expirer à tes yeux si tu persiste dans ton fol amour. Il faut choisir entre la mort de ton fils et la perte de ton amant.

Idamire agitée par deux sentimens contraires ne sait ce qu'elle doit répondre.

####### FREDEGONDE.

Eh ! bien, Idamire, quel est ton choix ?

Idamire veut employer les prières pour la toucher.

####### FREDEGONDE.

Je suis insensible à tes larmes criminelles.

Idamire continue de la prier.

####### FREDEGONDE.

Je ne veux rien entendre.

Idamire insiste.

####### FREDEGONDE, *avec fureur.*

Non, non, non.

Idamire se jette à ses pieds.

####### FREDEGONDE.

Pour la dernière fois, choisis, je l'ordonne : mais prends y garde, ta réponse sera un arrêt irrévocable.

Idamire se relève avec fierté, et prenant la résolution de repousser les offres de Frédégonde, elle lui demande la mort pour tout bienfait.

####### FREDEGONDE.

Eh bien, puisque la voix de la nature n'a pu se faire entendre à ton cœur, j'accepte, au nom des dieux infernaux, le sacrifice que tu fais de cet enfant infortuné, et le crime de sa mort retombera sur ta tête seule.

Je vais te transporter dans une forêt ténébreuse ; c'est là que ton supplice doit commencer.

Frédégonde sort en courroux ; Idamire la supplie en vain de s'appaiser, elle est renversée par la méchante fée.

Le Théâtre représente une sombre forêt ; à gauche, un rocher isolé.

SCENE VII.

Idamire seule parcourt la scène, et examine l'endroit affreux où elle se trouve; elle tombe anéantie contre un arbre.

SCENE VIII.

Le grand prêtre paraît à travers les arbres; il menace Idamire, et puis s'approche d'elle; Idamire l'appercevant, tombe à ses genoux et lui demande des consolations.

LE GRAND PRÊTRE, *la relève.*

Je connais vos chagrins, ma fille... Mais rassurez-vous... le ciel prendra pitié de vos malheurs.... Venez, suivant nos antiques usages, immoler vous-même la victime.

Idamire adresse ses vœux au ciel avec ferveur, pendant ce temps le grand prêtre fait un signal.

Les prêtres sortent de la forêt en ordre. Ils apportent un autel allumé, et un taureau d'airain; ils mettent du bois sec sous le taureau, et allument deux flambeaux.

Idamire voit tous ces préparatifs avec un frémissement involontaire.

LE GRAND PRÊTRE.

Tout est prêt pour le sacrifice... approchez, ma chère enfant : la victime est renfermée dans ce taureau d'airain, c'est à vous d'allumer le feu qui doit la consumer.

Il lui présente un flambeau, Idamire refuse.

Profane, oses-tu refuser ?... Tremble pour ton époux et pour ton fils...

(*Commencement d'orage.*)

Idamire tremblante, prend le flambeau, s'avance d'un pas incertain, et après avoir long-tems hésité, pressée par le grand prêtre, elle allume le brasier qui est placé sous le taureau, et se jette à genoux; aussitôt un cri lugubre et sourd se fait entendre: Idamire, hors d'elle-même, se relève ; le tonnerre gronde, l'éclair brille, la foudre éclate et brise le taureau d'airain, du milieu duquel sort le jeune Edmond, que sa mère éperdue prend dans ses bras ; en même tems le grand prêtre et sa cohorte se trouve changés en mauvais génies.

(L'orage continue.)

Les mauvais génies se jettent sur Idamire et lui arrachent son fils ; après quelques tableaux, Idamire tombe renversée au milieu d'eux, et le petit Edmond tend en vain les bras à sa mère ; celle-ci, par un dernier effort, se dégage et s'élance vers son fils ; soudain Edmond se trouve enlevé par des dragons qui disparaissent dans les airs, en jettant du feu par la gueule. Idamire, renversée de nouveau, tombe anéantie au milieu d'un grouppe menaçant, formé par ses persécuteurs.

Le théâtre change et représente dans le fond, un monticule au pied duquel coule une rivière qui, formant une île, serpente sur la scène. On distingue dans l'île une tour d'airain. On y entre par un pont aussi d'airain. Au milieu de la rivière s'élève un rocher.

SCENE IX.

(On voit Landry traverser le fond du théâtre, derrière le fleuve ; il arrive en scène très-fatigué.)

LANDRY, *il porte le cor en bandoulière.*

Enfin, me voilà arrivé à l'endroit où mon maître m'a commandé de venir le joindre. (*Examinant autour de lui.*) Ce pont, cette tour, cette île... oui, c'est bien cela... Le soleil a fait la moitié de son cours depuis que j'erre sur les bords de ce fleuve ; j'ai cru que je n'arriverais jamais... Il y a quatre heures, je distinguais un berger qui grimpait avec ses chèvres sur les rochers qui bordent ce rivage.—Mon ami, suis-je bientôt à l'île de la Tour-d'Airain ?—Mon bon seigneur, à la droite du fleuve, à une portée d'arc, vous allez l'apercevoir... suivez, suivez.—Grand merci... Je continue ma route, au bout de deux heures de marche, je rencontre une vieille femme qui filait tranquillement au bord de l'eau... — Ma bonne, je me suis sans doute égaré ; combien y a-t-il d'ici à au pont d'Airain?... — Ma foi... mon brave écuyer, le prophète vous conduit... encore la longueur de cette brassée de fil.... et vous y touchez.... bon voyage. Plein d'espérance, je marche, je marche toujours devant moi ; et après deux mortelles heures, j'arrive enfin à ma destination.... Que le ciel foudroie tous les bergers et les vieilles du monde... je tombe de fatigue et de faim... (*la rampe baisse.*) et dans ce maudit pays, on ne trouverait pas le plus modeste caravanserail, la plus petite cabane où l'on pût se rafraîchir.... La nuit me parait venue bien rapidement : (*avec crainte.*) il y a là dessous quelque chose de surnaturel... et le chevalier n'arrive pas... il devait être ici vers le milieu du jour. (*En tremblant.*) Je n'ai... pas... peur... mais avec ces diables d'enchanteurs, il fait bon voir clair à ses affaires... et la nuit, (*croyant entendre du bruit*) heim! qui va là? (*il écoute.*) Je me suis trompé, c'est le bruit de l'eau qui tombe de ce rocher... avec l'aide de ce cor merveilleux, je pourrais bien m'introduire dans l'île... Si les lutins ne m'empêchaient pas... (*avec crainte.*) les lutins... oh ! non... tout est bien tranquille ici... il n'y a rien à craindre... d'ailleurs mon maitre m'a ordonné de l'attendre à l'entrée du pont ; (*avec un soupir.*) il faut l'attendre.... Reposons-nous, (*il s'assied par terre*) et puisque des deux besoins qui me tourmentent, le sommeil est le seul que je puisse satisfaire... oublions la faim en dormant... (*après un moment de silence.*) Dormir... non, non, on pourrait nous surprendre... Chantons plutôt, cela rassure toujours un peu....

CHANSON.

Jeune et gentille bergerette,
En tapinois, un jour dans un jardin,
Cueillit rose tant joliette,
Et elle orna d'abord son sein ;
La fleur nouvellement éclose
Est la parure du hameau ;
Voyons, dit-elle, dans cette eau,
Comment, me va ma rose.

Lors, dans un cristal d'onde claire,
En rougissant, pour la première fois,
Elle vit sous la gaze légère,
Que cette rose en faisait trois ;
Licas voyait la même chose,
Caché dans un épais buisson,
Il s'écria : oh ! le beau bouton !...
Le beau bouton de rose.

(*Une voix forte dans la coulisse à gauche.*)
Prends garde à toi...
(*Landry se lève avec frayeur.*)
Ai-je bien entendu ?.... Est-ce une chimère? Non, non, par-

bleu, rien de plus réel... Allons, allons, puisque le danger est de ce côté, il faut nous sauver de l'autre (*Il passe de l'autre côté de la scène.*) Nous sauver! et que dira mon maître?... Landry, mon ami, c'est ici qu'il faut du courage. (*Il écoute.*) Je n'entends plus rien... Chantons plus fort, et montrons à l'ennemi, quel qu'il soit, que nous n'avons pas peur.

(*Il continue de chanter avec une grosse voix, mais en tremblant.*)

Agnès se retourne tremblante,
Elle veut fuir l'onde qui la trahit,
Las! le pied glisse à l'innocente,
Elle tombe et s'évanouit :
On ignore toujours la cause
D'un aussi fatal accident,
Mais la belle en se réveillant
Ne trouva plus sa rose.

(*La voix dans la coulisse à droite.*)
Prends garde à toi.

(*On entend un bruit de chaînes.*)

LANDRY, *plus effrayé que jamais.*
Pour le coup, je ne puis plus y tenir.

(*Il va pour se sauver à gauche, il est repoussé par des flammes; il s'en retourne vers la droite, des flammes le repoussent encore; il court vers le pont, un monstre paraît et lui coupe le chemin. Il tombe à genoux la face contre terre.*)

SCÈNE X.

LANDRY.

Je suis mort.

Une écriture de feu paraît sur la coulisse à la droite du pont; Landry relève la tête petit-à-petit; et comme le monstre s'est retiré, il se rassure, et lit tout haut ces mots:)

AVANCE, COMBATS, TRIOMPHE, ET TU TROUVERAS UN TRÉSOR.

(*Après avoir lu.*)

Tous les trésors du monde ne peuvent me tenter, je n'avancerai pas, je ne combattrai pas, je ne triompherai pas.... mais je m'en vais.

(*L'inscription de feu disparaît. Landry va pour sortir.*)

SCÈNE XI.

LANDRY, FLORIDOR.

(Landry rencontre et heurte son maître dans l'obscurité, il se jette à genoux.)

LANDRY.

Ah ! seigneur esprit... seigneur esprit... pardon : je vous jure de ne plus jamais venir vous troubler... Laissez-moi quitter ces lieux.

(Floridor le relève et lui demande s'il a perdu la raison)

(*Landry le reconnaît.*)

LANDRY, *revenant à lui.*

Oui, j'avais perdu la raison... Mais seigneur, si vous m'en croyez, décampons au plus vite, le diable s'est emparé de ces lieux.

(Floridor témoigne son impatience de combattre, et prend le cor.)

(*La scène s'éclaire.*)

LANDRY.

Ne vous y fiez pas, le courage ne sert ici de rien... J'ai vu tous les monstres de l'enfer déchaînés contre moi.

Floridor se rit de ses frayeurs et met l'épée à la main.

LANDRY.

Eh bien, puisque vous voulez absolument combattre, je ne vous quitte pas. (*à part.*) C'est fait de nous.

Floridor marche vers le pont, dès qu'il y met le pied, un grand fracas se fait entendre, Landry recule effrayé; un guerrier couvert d'écailles, s'avance sur le pont.

SCÈNE XII.

FLORIDOR, LANDRY, LE GUERRIER.

Le guerrier défie Floridor, en déclarant qu'il défendra l'entrée du pont; Floridor brave ses menaces, ils mettent l'épée à la main; après un combat vigoureux, le guerrier est percé d'un coup mortel par Floridor, qui le jette dans la rivière.

SCENE XIII.

Floridor pénètre dans l'ile, après avoir tué le monstre et mis en fuite plusieurs guerriers, qui l'attaquent à-la-fois.

SCENE XIV.

Landry veut suivre son maître ; il en est empêché par des mauvais génies qui le tourmentent jusqu'au moment où Floridor, rentré vainqueur, les chasse.

SCENE XV.

Floridor sonne de son cor qui rend un bruit épouvantable. A ce bruit, des chevaliers chargés de chaînes paraissent de tous côtés et tombent aux pieds de Floridor qui les a délivrés ; Floridor leur ôte leurs chaînes ; ils jurent de combattre pour lui ; mais ils sont sans armes. Floridor sonne une seconde fois ; à ce signal un trophée d'armes sort de terre, portant des boucliers, des glaives et des lances ; tous les chevaliers s'arment, et font le serment de vaincre ou mourir.

SCÈNE XVI.

Frédégonde, armée d'une cuirasse et d'une pique, et la tête couverte d'un casque, défile dans le fond, à la tête de ses troupes nombreuses ; les chevaliers se rangent en bataille pour l'attendre... elle arrive en scène avec ses soldats.

FRÉDÉGONDE.
Arrête, Floridor, va ton fils vont périr à tes yeux.

Aussitôt Idamire paraît à travers les grilles de la tour.

A cette vue Floridor arrête l'impétuosité de ses braves. Il sollicite pour Idamire. Frédégonde voyant qu'elle ne peut rien obtenir de son ingrat amant, donne le signal du combat. Mêlée générale. Les troupes de Frédégonde sont forcées de prendre la fuite.

Mais la vengeance n'en devient que plus animée dans le cœur de la perfide Fée. Elle fait un signe, aussitôt la tour qui renferme Idamire, est entourée de flammes. Floridor et quelques chevaliers s'élancent dans la tour enflammée, pendant que les soldats de Frédégonde, qui se sont ralliés, attaquent de nouveau ceux de Floridor.

La tour s'écroule avec fracas. Frédégonde et les siens sont en pleine déroute. Mais pour venger sa défaite, elle reparaît bientôt de l'autre côté de l'isle, pendant que Floridor et les siens sauvent Idamire des flammes.

Un soldad tient suspendu sur un rocher l'infortuné Edmond, et à la vue de Floridor et d'Idamire, l'infâme Frédégonde fait précipiter l'enfant au milieu des eaux. Consternation générale.

Fin du second Acte.

ACTE III.

Le théâtre représente un portique oriental, formant l'entrée du palais de Floridor. Plusieurs arbustes. A droite un banc de gazon.

SCÈNE Ire.

Idamire très-affligée de la perte de son fils, est assise sur le banc de gazon, et entourée de ses femmes, dont elle repousse les consolations.

SCÈNE II.

Floridor arrive à la tête de ses braves; il console Idamire, en lui faisant lire ces mots sur un bouclier: *Sauver mon fils* ou *périr*. Il assure qu'il va mettre tout en usage pour arracher le petit Edmond des mains de Frédégonde, et sort, avec les siens. Idamire congédie ses femmes.

SCENE III.

Restée seule, Idamire aperçoit sur un oranger le nom de Rosine, entrelacé avec celui de Floridor. Elle s'indigne à cette vue, et prenant son poignard, elle veut effacer ce chiffre : O prodige ! le sang coule de l'oranger, il s'ouvre en deux et laisse voir Edmond, qui tombe dans les bras de sa mère.

IDAMIRE.

Ciel ! mon fils !... le cruel oracle vient de s'accomplir... Je retrouve la parole... mais à quel prix, grands dieux ! Cher enfant, jette un dernier regard sur ta mère infortunée. Mais il ne m'entend plus, et la mort... Il expire, et c'est sa mère qui le tue.

Idamire cherche à épancher le sang qui coule de la blessure d'Edmond. Après plusieurs tableaux, son fils expire entre ses bras. Alors elle se désespère, et veut se percer le sein.

SCENE IV.

Frédégonde paraît suivit d'un peupl nombreux. Elle lui arrache le poignard.

O crime affeux !... Peuple, vous le voyez, cette mère barbare vient de percer elle-même le sein de son fils. Idamire a mérité la mort.

Les gardes saisissent Idamire : il lui arrachent son fils, qu'elle veut envain retenir. Dès qu'elle ne le voit plus, elle se relève avec courage, et jetant un coup d'œil de mépris à Frédégonde, elle se décide et marche au supplice avec fermeté.

Le théâtre change et représente un endroit désert dans le fond à droite et à gauche sont deux poteaux.

SCENE V.

Marche funèbre. Tout le peuple consterné arrive en scène. Frédégonde paraît et fait apporter, sur un lit de mort, le corps d'Edmond, précédé d'un hérault d'armes. Les chevaliers se suivent deux à deux: Idamire vient ensuite enchaînée au milieu des gardes. Elle veut une seconde fois se jeter sur le corps de son fils, on l'arrête, et on la conduit à un poteau, auquel on l'attache.

UN HÉROS D'ARMES, *montrant deux Chevaliers.*

Peuple, voici les deux champions que Rosine a choisis pour prouver par les armes le crime de cette mère dénaturée. Si personne ne se présente pour soutenir l'innocence d'Idamire, avant que l'airain ait sonné la troisième heure du jour, elle périra par les flèches meurtrières. Au contraire, si quelque chevalier conçoit la coupable hardiesse de vouloir la défendre, et qu'il succombe dans le combat, il partagera son supplice.

Il indique le second poteau.

Un morne silence règne dans l'assemblée. Les deux combattans vont jurer sur le corps d'Edmond de combattre jusqu'à la mort.

LE HERAULT D'ARMES, *à haute voix.*

Quel est le chevalier qui veut combattre pour Idamire?

Morne silence. Des femmes s'avancent portant des couronnes de roses blanches, et les déposent sur le lit où est Edmond.

LE HERAULT D'ARMES.

Quel est le chevalier qui veut combattre pour Idamire.

Morne silence. La troisième heure du jour a sonné. Les trompettes de la mort se font entendre. Les pelotons d'archers s'avancent, et se placent, l'arc bandé, vis-à-vis Idamire.

SCENE VI.

Un chevalier s'élance. C'est Floridor. Il se précipite sur les arcs prêts à lancer la mort.

Arrêtez, barbares: Idamire n'est point coupable : mon cœur ne peut me tromper. Cette femme, (*montrant Frédégonde*) cette femme seul a commis le crime ; j'en fais le serment à la face du ciel, et me voilà prêt à le soutenir pour la vie ou la mort.

Les trompettes sonnent.

Défi. Floridor combat un chevalier et le terrasse.

Le second l'attaque. Aussitôt le premier se relève. Floridor va être accablé sous leurs coups.

SCENE VII.

Landry paraît. Il voit le danger de son maître. Son amitié l'emporte sur la crainte. Il attaque un de ses adversaires : le combat s'anime ; mais la fortune trahit le courage, et bientôt Floridor et Landry sont terrassés.

Frédégonde triomphe, elle ordonne qu'on attache le téméraire à l'autre poteau. Les deux pelotons d'Archers se séparent. Celui de droite dirige ses flèches sur Idamire : celui de gauche sur Floridor. Frédégonde donne le signal : les flèches partent, mais soudain deux grands boucliers paraissent devant Floridor et Idamire, et les couvrent de manière que toutes les flèches restent enfoncées dans les boucliers. En même tems le tonnerre gronde avec violence, et le ciel s'obscurcit. Le peuple est allarmé et Frédégonde interdite.

Les compagnons de Floridor profitent de ce moment. Ils se précipitent sur Frédégonde et les siens. Les boucliers qui couvraient Floridor et Idamire, disparaissent. Floridor se met à la tête de ses guerriers et attaque Frédégonde qu'il parvient à désarmer.

SCENE VIII.

Pendant cette action, Zatima descend dans un nuage. Floridor et Idamire la reconnaissent, et viennent se jeter à ses pieds. Tout le peuple tombe la face contre terre.

ZATIMA

Rosine, les prestiges de tout art ne peuvent plus te servir. Tu vois en Timagette, Zatima, l'amie de la vertu. Le destin voulait que tes cruels oracles s'accomplissent ; je n'ai pu m'y opposer, ils se sont accomplis. Il est tems que la vérité triomphe et que l'imposture soit confondue... Idamire, Floridor, vous allez retrouver votre fils et le bonheur... Et vous peuple, apprenez à vous défier des apparences trompeuses, et reconnaissez dans cette belle Rosine, l'infâme et vieille Frédégonde.

Elle fait un geste avec sa baguette. Frédégonde redevient très-vieille et très-laide. Elle traverse la scène, et dans sa fureur impuissante, ell veut encore s'élancer sur Idamire. Dans ce moment la terre s'ouvre avec explosion; et la méchante Fée est engloutie au milieu des flammes, le tonnerre cesse.

Le théâtre change et représente un jardin élégamment décoré.

On voit dans le fond le jeune Edmond sur un lit de fleurs.

Les nuages qui portent Zatima se relèvent. Floridor et Idamire remercient leur protectrice. Bientôt ils courent à leur enfant, qu'ils prennent dans leurs bras et couvrent de baisers. Les chevaliers et le peuple les environnent en les félicitant sur leur bonheur.

Tableau général.

FIN.

Ouvrages qui se trouvent chez le même Libraire.

HISTOIRE PHILOSOPHIQUE de la Révolution de France, depuis l'assemblée des Notables en 1787, jusqu'à l'abdication de Bonaparte en 1814; par Fantin-Désodoards; 6 vol. in-8°, ornés du portrait de l'auteur. Prix 36 fr., et 41 fr. francs.

Cette sixième édition est un ouvrage neuf: il est entièrement refait. L'auteur y professe une grande impartialité; il a extirpé, si j'ose m'exprimer ainsi, une poignée d'intrigans révolutionnaires de la masse de la nation française, il la justifie aux yeux de l'Europe et de la postérité; en un mot, il rend justice aux braves gens et aux gens braves. Cet ouvrage doit plaire aux hommes impartiaux de tous les pays.

RÉPERTOIRE DU THÉATRE FRANÇAIS, conforme à la représentation; dédié à la Comédie-Française. Ce répertoire sera environ 24 volumes in-8; les quatre premiers paraissent. Prix 24 fr. Les autres paraîtront successivement. Les Volumes en vente contiennent les pièces suivantes:

TOME Ier. Tragédies.	TOME Ier. Comédies.
Le Cid, de Corneille.	L'École des Femmes, de Molière.
Athalie, de Racine.	Les Femmes Savantes, idem.
Andromaque, idem.	Le Tartuffe, idem.
Britannicus, idem.	Les trois Sultannes, de Favart.
Mariamne, de Voltaire.	L'heureuse Erreur, de Patrat.
Œdipe, idem.	Les Rivaux d'eux-mêmes, de Pigault.

TOME II.	TOME II.
Cinna, de Corneille.	Le Misanthrope, de Molière.
Iphigénie en Aulide, de Racine.	Le Chevalier à la Mode, de Daucourt.
Mahomet, de Voltaire.	La Femme jalouse, de Desforges.
Tancrède, idem.	Le Mercure galant, de Boursault.
Zaïre, idem.	Le Grondeur, de Brueys et Paraprat.
Manlius Capitolinius, de Lafosse.	Les Projets de mariage, de Duval.

Toutes ces pièces se vendent séparément.

Livres extraits du Catalogue.

Œuvres complètes de Pigault-Lebrun, 62 vol. in-12. 150 f.

Ces ouvrages se vendent séparément.

Adélaïde de Méran, 4 vol. in-12. 10 f.
Angélique et Jeanneton, 2 vol. in-12. 5 f.
Barons (les) de Felsheim, 4 v. in-12. 10 f.
Citateur (le), 2 vol. in-12. 6 f.
Cent vingt jours (les), 4 vol. in-12. 10 f.
  Cet ouvrage contient : Théodore, ou les Péruviens, 1 vol., M. de Klinglin, 1 vol.; chaque volume se vend séparément. 2 f. 50 c.
Enfant (l') du carnaval, 2 v. in-12. 5 f.
Famille (la) Luceval, 4 vol. in-12. 10 f.
Folie (la) Espagnole, 4 vol. in-12. 10 f.
Jérôme, 4 vol. in-12. 10 f.
Homme (l') à projets, 4 vol. in-12. 10 f.
Mélanges littéraires et critiques, 2 vol. in-12. 5 f.
Mon Oncle Thomas, 4 vol. in-12. 10 f.
Monsieur Botte, 4 vol. in-12. 10 f.
Monsieur de Roberville, 4 v. in-12. 10 f.
Théâtre et poésies, 6 vol. in-12. 12 f.
Une Macédoine, 4 vol. in-12. 10 f.
Tableaux de Société, 4 vol. in-12. 10 f.

Encore du Magnétisme, par Pigault-Lebrun, membre de la société philotechnique, avec cette épigraphe : *Vitam impendere vero*, in-8°. de 88 pages. 2 f.

Le Cuisinier Royal, ou l'Art de faire la Cuisine et la Pâtisserie, pour toutes les fortunes; avec la manière de servir une table depuis vingt jusqu'à soixante couverts. Neuvième édition, revue corrigée et augmentée de cent cinquante articles, par A. Viard, homme de bouche, suivie d'une notice sur les vins, par M. Pierrhugue, sommelier du Roi, 1 vol. in-8. 6 f.

L'Observateur Russe, ou Aventures et Réflexions critiques d'un officier russe à Paris, par M. le Baron de Reverony-Saint-Cyr, 2 vol. in-12. 5 f.

Encyclopédie comique, ou Recueil français d'anecdotes, bons mots, épigrammes et calembours, 3 vol. in-12, portraits. 6 f.

Grivoisiana, ou Recueil facétieux, par Martinville, 1 vol. in-18, fig. 1 f.

Princesse (la) de Clèves, suivie des Lettres à madame la marquise de *** sur le roman et de la comtesse de Tendes; nouvelle édition; 2 gros vol. in-12, bien imprimés. 4 f.

Trois Mois de ma Vie, ou Histoire de Famille, par M. Dumaniant, 3 vol. in-12. 6 f.

Tombeaux (les) du dix-huitième siècle, ou notices biographiques sur les principaux personnages morts dans le courant de ce siècle, par Ant. Miéville, 2 vol. in-8. 12 f.

Pièces de Théâtre.

Complot (le) domestique, comédie en 3 actes et en vers, par M. Lemercier. 1 f. 50 c.
Deux Anglais, comédie en 3 actes. 1 f. 50
Hôtel Bezancourt (l'), ou la Prison de la garde nationale, vaud. 1 f. 25 c.
Femme à vendre, folie-vaud. 1 f.
Léon de Norweld, drame en 5 actes, de M. Aude. 1 f.
Daniel, pièce en 3 actes, de M. Frédéric. 1 f.
Panier (le) de Cerises, vaud. 1 f.

Le même Libraire se charge des expéditions à l'étranger, soit pacotilles ou autres fournitures de livres.

Son Catalogue se distribue gratis.

www.ingramcontent.com/pod-product-compliance
Lightning Source LLC
Chambersburg PA
CBHW060627050426
42451CB00012B/2469